COMPTE-RENDU
COMPLET ET IMPARTIAL
SUR

LA
COMPAGNIE
DU MISSISSIPI

PAR

JOHN LAW DE LAURISTON

LONDRES – 1720

En quoi la nature de cet établissement et les avantages presque incroyables qui en résultent pour le roi de France et un grand nombre de ses sujets sont clairement expliqués et établis. Avec un compte de l'établissement de la Banque de Paris, par ledit M. Law. Ajoutons à cela une description du pays du Mississipi et une relation de sa première découverte, dans deux lettres d'un gentleman à son ami.

Édition bilingue

Éditions Nielrow – Dijon
2018
ISBN : 978-2-490446-05-6

TABLE DES MATIÈRES

AVANT-PROPOS

Ces textes historiques sont doublement intéressants : d'abord ils décrivent, par deux lettres destinées au Régent Philippe d'Orléans, sommairement il est vrai, les conditions de la découverte de la Louisiane, découverte progressive il faut le souligner ; et surtout ensuite parce que le texte de John Law se situe lui tout juste à la veille de l'énorme banqueroute dont il a essuyé les affres, lui, et les actionnaires de la Compagnie du Mississipi, en juillet 1720. Tout semblait pourtant aller pour le mieux dans cette affaire de banquier, commencée en 1716, et l'Eldorado que laissait espérer la Louisiane, pouvait effectivement garantir les risques pris à Paris. Ce qui n'est pas toujours écrit dans les manuels d'Histoire, c'est que Law fut victime d'une cabale. Mais ce n'est pas le sujet ici. Quoi qu'il en soit, son système ne devait pas être si mauvais puisqu'il réussit par la suite en Italie.

De la Compagnie du Mississipi, etc.

Le Régent de France ayant à coeur d'amortir les billets de l'État dont il y avait pour quelques centaines de millions, s'avisa entre autre expédients d'ériger une compagnie pour faire seule le commerce du Mississipi, grand et bon pays de l'Amérique septentrionale. M. Law, Écossais de nation, dont le penchant naturel l'a toujours porté à s'instruire des finances et du commerce, dressa le plan de cet établissement qui se fit en 1717, et dont il eut la principale direction.

Tout le monde fut reçu aux souscriptions de cet compagnie, et l'on ne se proposa au commencement que de souscrire un fond de 60 millions le livres en billets de l'État. Cependant bien que cette somme fût petite et que l'on pût acheter les billets de l'État entre 60 et 70 pour cent de rabais et qu'ils fussent reçus au pair ou sans perte dans les souscriptions de la compagnie, les gens d'abord ne se pressèrent guère de souscrire parce qu'ils ne connaissaient pas encore les avantages qu'ils pourraient retirer de la compagnie.

Les 60 millions étant enfin souscrits, l'État en étendit la somme à 100 millions, et assigna à la compagnie, la Ferme du Tabac qui devait produire 4 millions chaque année pour le paiement de l'intérêt des 100 millions, à raison de 4%. Cette assignation de la Ferme du Tabac donna un tel crédit aux billets souscrits, que le prix de ces billets, appelés par la suite *actions*, augmenta jusqu'à 120%.

M. Law ayant si bien ménagé la régie de la Ferme du Tabac, que la Compagnie y fit des profits très considérables. Quelques temps après la valeur des actions baissa, et même revint au pair. Mais elles repartirent à la hausse en peu de jours.

Il se fit ensuite une nouvelle création d'actions pour la somme de 25 millions, qui furent distribuées sur le pied de 110%.

Les Compagnies des Indes et de la Chine furent réunies à celle du Mississipi en 1719, sur quoi le prix des actions augmenta de plus en plus, et parvint de 100 à 200%. A cette période la Compagnie du Mississipi prit le nom de Compagnie des Indes.

Quand on vit que le peuple de France prenait goût à l'établissement des actions, jusqu'alors inconnues dans le Royaume, et qu'il s'empressait à placer son argent de cette manière, dans la certitude que la Compagnie ferait de grands profits qui seraient partagés entre les actionnaires, Monsieur Law fit un grand projet conjointement avec Monseigneur le Régent, pour augmenter le crédit et les profits de la Compagnie. On publia un arrêt du Conseil d'État pour faire circuler pour 25 millions de billets de banque dans le Mississipi. L'État joignit bientôt à cet avantage celui de la cession de la fabrication de la monnaie, pendant 9 ans. Ces privilèges firent rapidement monter les actions jusqu'à 500%. Elles descendirent ensuite jusqu'à 445 sur la nouvelle d'une légère indisposition qu'avait Monsieur Law, selon quelques courriers de Paris. Les actions remontèrent peu de jours après jusqu'à 610%, et redescendirent tout aussitôt jusqu'à 560. Tout ceci se passa un peu après la saint Jean de l'année 1719.

La compagnie voyant que son crédit était si bien établi, proposa de faire un prêt à Sa Majesté de 50 millions en 15 paiements mensuels et pour lever cette somme, elle obtint un arrêt du Conseil pour la création de 25 millions d'actions sur le pied de 200 par action. Mais comme les paiement n'étaient pas pressés et que les actions se vendaient trois fois au-dessus de ce prix, la compagnie se réserva le pouvoir d'en disposer à mesure qu'elle le jugerait à propos. Par où elle s'est procuré une ressource capable de fournir de quoi acheter des marchandises, faire construire les vaisseaux nécessaires et établir de bonnes colonies au Mississipi, car elle retirera apparemment de très grosses sommes de la vente d'une partie de ces actions faites en divers temps, l'autre partie de ces actions ayant d'abord été cédée aux principaux propriétaires des anciennes, selon la teneur de l'arrêt.

Vers la fin du mois d'août, la compagnie proposa au Roi de lui faire un autre prêt de 1.200 millions de livres tournois, à 3% d'intérêt, et se chargea en même temps des cinq grosses fermes, payant à l'État 3 millions et demi plus que n'en donnait celui qui en avait le bail, et s'obligea den donner 52 millions chaque année pendant l'espace de 9 ans, qui est le terme de la durée du bail accordé à la compagnie. Elle devait retenir de cette somme 36 millions chaque année pendant 25 ans, pour l'intérêt des 1.200 millions qu'elle s'était engagée d'avancer à Sa Majesté pour réduire à 3% l'intérêt des dettes de l'État, sur l'Hôtel de ville de Paris et autres, lesquelles dettes portaient auparavant à 4%, cette réduction épargnant au Roi 12 millions de livres chaque année. Les privilèges de la compagnie furent alors prorogés jusqu'en 1770.

Les Français espérant que la compagnie ferait des profits immenses par le commerce et principalement par la régie des fermes générales, qui jusqu'alors avaient été mal ménagées, donnèrent encore plus que jamais dans ces actions, de sorte qu'elles augmentèrent en peu de semaines jusqu'à 1.200.

Tout prit alors à Paris une face riante ; l'argent devint si commun qu'on ne savait où le placer à 3%. Les dettes publiques qui se vendaient auparavant à grosse perte, montèrent à 10 ou même à 15% au-dessus de leur valeur intrinsèque. Le débit des marchandises fut infiniment plus grand qu'il ne l'avait été depuis très longtemps ; les ouvriers furent mieux payés de leurs ouvrages ; la vente des terres des environs de Paris augmenta jusqu'à 50 et même 60 fois la valeur de la rente annuelle. Quantité de grands seigneurs rétablirent leurs affaires, et d'autres devinrent fort riches par les grands gains qu'ils firent du trafic des actions de cette nouvelle compagnie. On vit tout d'un coup rouler en carosse bon nombre de gens inconnus dans le monde et venus de rien, qui s'étant fourrés dans ce commerce, avaient acquis en fort peu de mois de très grosses sommes.

Comme la compagnie s'était engagée d'effectuer un prêt au Roi de 1.200 millions, elle s'avisa au mois de septembre suivant d'emprunter 500 milions d'actions sur le pied de 1.000 par action, c'est-à-dire, de 10 fois la valeur réelle des premières actions.

Les souscriptions furent remplies en peu d'heures et l'on fut même obligé de rendre au-dessus du tiers de l'argent souscrit, ce qui se montait à 775 millions. On n'obligea les souscripteurs à fournir la somme entière qu'en 10 paiements mensuels, ce qui fut néanmoins modifié par la suite pour leur commodité.

Le premier paiement de ces nouvelles souscriptions fut négocié dès le lendemain à 100% de profit.

On ouvrit encore les livres peu de jours après pour recevoir une pareille somme de souscriptions, aux mêmes charges et conditions que les précédentes, et elles furent attribuées en aussi peu de temps.

Il fut défendu par un arrêt du Conseil, aux caissiers de la compagnie de recevoir pour remplir les souscriptions, aussi bien que pour les 9 paiements qu'il y avait à faire pour les dernières, aucun argent ou billets de banque, mais seulement des billets de l'État, ou autres dettes spécifiées du Roi, ce qui augmenta d'abord de beaucoup le prix des effets royaux ou des dettes publiques.

Cette voie d'emprunter de l'argent, ou plutôt de faire entrer dans la compagnie près de 1.000 millions de livres tournois des dettes du Roi ayant parfaitement bien réussi, la compagnie rouvrit ses livres une troisième fois, pour s'assurer de 500 autres millions de livres, ce qui eut un pareil succès.

Ce fut environ à cette époque, que chaque action fut coupée en deux parts, estimées chacune 5.000 livres. Au reste, les actions furent sur du papier, payable au porteur, de sorte que les propriétaires purent dans un instant les négocier pour de l'argent comptant ou pour des billets de banque, qui étaient tout aussi bons et plus commodes que l'argent.

Le premier paiement de ces trois souscriptions, bien loin de baisser de prix, augmenta si considérablement, qu'on le négocia bientôt à 100, à 200 et même à 300% de profit, de sorte que les souscripteurs qui voulurent faire un transfert de leurs nouvelles souscriptions vers d'autres personnes, doublèrent, triplèrent et même quadruplèrent en peu de semaines l'argent qu'ils avaient avancé pour ce premier paiement.

Cependant ces dernières souscriptions firent considérablement baisser le prix des anciennes, quoi qu'elles fussent de même nature, et tout aussi bonnes que les dernières. On vit les anciennes souscriptions tomber presque tout d'un coup jusqu'à 760, parce que les souscripteurs aux dernières ayant besoin d'argent pour répondre aux seconds paiements dont le terme était proche, se pressèrent de se défaire des premières souscriptions.

A quoi la compagnie voulant remédier à cela en quelque façon, fit afficher à la porte de la banque qu'elle les rembourserait à raison de 900. Cette affiche releva si fort le crédit de ces anciennes souscriptions qu'on les vit se négocier en moins d'un mois à 1.200 cents comme auparavant et même au-dessus quand les nouvelles actions roulaient autour de 1.300. Mais ce qui y contribua le plus, ce fut un arrêt du Conseil d'État portant prolongation du terme des premiers paiements qui devaient être réalisés sur les nouvelles souscriptions.

L'emprunt que la compagnie fit par les trois nouvelles souscriptions allant à 1.500 millions, elle fit valoir à Sa Majesté que le prêt qu'elle ferait à l'État, se montant à 300 millions au-delà de ce qu'elle s'était engagée de prêter, il serait raisonnable d'accorder à la compagnie un intérêt annuel de 45 millions, à raison de 3%, au lieu des 36 millions qui avaient été accordés ; à quoi Sa Majesté consentit.

Voici maintenant la somme des différentes souscriptions faites en diverses périodes :

60 millions de la première souscription,
40 millions de la deuxième,
25 millions de la troisième,
25 millions de la quatrième,
50 millions de la cinquime,
50 millions de la sixième,
50 millions de la septième.
_____

300 millions total des actions.

Lorsque les actions ont valu 1.000, alors leur valeur totale s'est montée à 3.000 mille millions de livres tournois, de laquelle somme Sa Majesté doit à la compagnie 1.650 millions, ce qui fait que la valeur réelle et intrinsèque de chaque action est de 550.

Je vais présentement vous faire une estimation des sommes qu'il sera au pouvoir de la compagnie de partager chaque année entre les intéressés ; par où vous verrez que les actionnaires peuvent s'attendre à recevoir de très bonnes répartitions.

La compagnie recevra chaque année	Millions
Du revenu du Roi	45
De l'assignation du tabac	3
Du profit de la régie de cette assignation	4
Du profit de la régie des 5 grosses fermes,selon quelques personnes entendues	30
De la fabrication de la monnaie	5
Du commerce des Indes Orientales	12
Du commerce du bois et des colonies du Mississipi dans quelques années pour le moins	7
Total	106

Sans compter ce que d'autres branches produiront, comme la pêche, l'affinage et dépars des matières d'or et d'argent, le trafic des lingots de ces mêmes matières que les orfèvres et les marchands seront obligés d'acheter à la compagnie, qui sera toutefois tenue de ne les vendre qu'à un certain titre spécifié. Ne croyez-vous pas, Monsieur, que les profits qui résulteront de tout cela iront à plus de 25 millions ? Pour moi, je le crois et suis même persuadé que l'État soutiendra le crédit de la compagnie, quand même il devrait lui en coûter la cession des profits de la banque et de quelques autres privilèges. Car plus la compagnie se verra en état de faire de grands partages entre les intéressés, plus l'argent circulera et les revenus du Roi en seront d'autant plus considérables.

Avantages pour le Roi résultant de l'établissement de la Compagnie des Indes.

L'établissement de la Compagnie des Indes en France, a non seulement fait un bien infini aux sujets du Royaume, en faisant ouvrir les bourses des gens riches qui se sont empressés d'y placer leur argent, mais le Roi y a aussi gagné très considérablement, puisque toutes les branches de ses revenus doivent porter dans ses coffres des sommes infiniment plus considérables que ci-devant, à cause de la circulation des espèces, qui est assurément trois fois plus grande qu'elle n'a jamais été, ce qui se conçoit par le prix des denrées, des terres, et des marchandises. Je vous dirai que le Régent a trouvé dans les fonds de cette compagnie une source presque inépuisable de faire des largesses aux officiers des troupes et de la Maison du Roi, et à quantité de particuliers, en leur distribuant des souscriptions, par où ils se sont enrichis. Monsieur Law de son côté, a rendu service à quantité de gens, même à ses ennemis, en leur permettant de faire de très grosses fortunes. Depuis que la circulation des espèces a été établie, le Régent a fait abolir quelques impôts dans Paris et dans les provinces. Ainsi toute la France participe aux avantages de son heureuse administration. Suivant quelques avis réitérés, les revenus de Sa Majesté très chrétienne doivent rapporter dans les coffres 40 millions chaque année, d'autres disent 60 de plus de ce que rapportaient les années précédentes. Et avec tout cela, le peuple se verra soulagé de quantité d'impôts par la diminution ou l'abolition de ces impôts, grâce à la suppression de quantités d'offices inutiles, aux propriétaires desquels l'État rembourse actuellement l'argent qu'il a donné. J'ai toujours entendu dire que cette multitude de maltôtiers était autant de sangsues qui n'étaient jamais rassasiées de la substance du peuple.

Laissons un homme impartial et sensé juge de ce qui s'est passé et de ce qui se passe actuellement en France au sujet du commerce et des finances ; il ne pourra disconvenir que depuis les siècles les plus reculés on n'a jamais rien vu de plus inconcevable. On ne peut réfléchir là-dessus sans se sentir forcé de tomber d'accord, que le Prince qui est à la tête des affaires a su employer les moyens les plus prompts et les plus convenables pour mettre la France dans un état plus florissant qu'elle n'a jamais été. Aussi, a-t-on toujours dit de lui, qu'il avait un génie supérieur et propre à tout. Outre les beaux arts et les sciences auxquels il s'est toute sa vie attaché, il possède parfaitement bien le calcul, sans quoi il n'eût jamais pu porter les affaires de France au point que nous les voyons. Les projets de Monsieur Law n'eussent jamais pu aussi bien réussir sous le règne d'un prince dont les lumières naturelles et acquises eussent été inférieures à celles du prince qui est aujourd'hui le dépositaire de l'autorité royale. Je ne m'étendrai pas davantage sur ce sujet, crainte que vous ne m'accusiez d'en être trop épris, et que vous n'allier jusqu'à me taxer d'un peu de partialité, ce qui serait me faire un tort dans votre esprit, que je tâcherai toute ma vie d'éviter. Je vous proteste sincèrement que je n'ai aucun intérêt particulier dans ce que je vous dis. Je n'ai jamais eu de part aux actions de la Compagnie de France, de quoi je suis bien marri. Mais je ne puis m'empêcher de faire attention à de si grands événements qui sont aujourd'hui le sujet de presque toutes les conversations. Je ne puis non plus me dispenser de rendre la justice qui est due à l'auteur des projets si extraordinaires et au Prince qui, en ayant reconnu les avantages, s'est appliqué à en appuyer l'exécution.

Établissement de la Banque Royale de Paris sous la direction de Monsieur Jean Law.

Monsieur Law établit, par l'autorité royale, une banque à Paris quelques temps avant l'établissement de la Compagnie du Mississipi. Elle est régie à peu près comme celle d'Angleterre, le Régent s'étant réservé l'inspection des comptes. On eut d'abord de la peine à établir son crédit, les Français n'ayant aucune idée de la commodité d'un établissement aussi avantageux. Mais comme le Régent était convaincu de la grande utilité qu'il en reviendrait au public, son Altesse prit tous les soins imaginables pour la faire ressentir. Il y eut en peu de temps, plusieurs arrêts en faveur de la banque, dont le principal, à mon avis, fut celui qui ordonna à ceux qui levaient les deniers du Roi, d'accepter les billets de banque en paiement des revenus. Les Français paraissant enfin goûter la commodité qui se trouve à effectuer les paiements en billets payables au porteur, il fut ordonné au commencement de l'été 1719, qu'on augmenterait le nombre de billet de banque jusqu'à la somme de 400 millions. Il fut permis, par le même arrêt, à la Banque Royale d'établir des Bureaux de Banque dans toutes les villes de Monnaie du Royaume, excepté Lyon, qui s'excusa d'en recevoir. Cependant, bientôt après, les marchands de Lyon sollicitèrent fortement et de leur plein gré, l'obtention du privilège d'une banque dans leur ville.

L'augmentation des billets de banque jusqu'à la somme de 400 millions de livres tournois ne suffisant pas, on en fit encore sur la fin de même été pour 120 millions de livres, chaque billet étant pour la somme de 10.000 livres.

On trouva bientôt que cela ne répondait pas encore aux demandes qui s'en faisait tous les jours, ce qui porta le Régent à faire publier un arrêt au mois d'octobre suivant, stipulant qu'il s'en ferait de nouveaux pour 120 millions de plus et que les billets seraient pareillement de 10.000 livres chacun.

La valeur de tous les billets que la banque fait circuler sur la fin de l'année 1719 se monte à 640 millions ; ce qui surpasse la valeur des billets que toutes les autres banques d'Europe prises ensemble font circuler dans le commerce.

Il est bon de remarquer qu'il y a des billets de banque pour de petites sommes, aussi bien que pour de grosses, les uns étant de 10, les autres de 100, les autres de 1.000 livres de France ; ceux de 10.000 ne se montant qu'à 240 millions, comme il paraît par ce que je viens de vous dire.

L'on vient d'ordonner en France une nouvelle création de 360 millions de billets de banque, ce qui, joint aux 640 millions qu'il y avait ci-devant, montent à la somme de 1.000 millions de livres tournois, faisant environ 38 millions de livres sterling, selon le pair du change, ce qui est aisé à calculer. Car l'écu, en espèce de France, qui a présentement cours dans le Royaume, pour 5 livres tournois et 2/5èmes, ou 108 de leurs sols, ne vaut en poids et en finesse que 4 shillings 1 ½ monnaie d'Angleterre.

Arrêt du Conseil d'État du Roi, qui ordonne la manière dont les paiements doivent être faits, tant à Paris que dans les provinces ; et qui règle la différence entre la monnaie de banque et la monnaie courante. Du 21 décembre 1719. Extrait des régistres du Conseil d'État.

Le Roi s'étant fait représenter les différents arrêts intervenus, tant sur le fait de la banque qu'au sujet des diminutions indiquées sur les espèces, Sa majesté a jugé qu'il convenait au bien de l'État, et à l'avantage de ses sujets, en augmentant le crédit public, de procurer à son peuple le moyen d'éviter les pertes que causent ordinairement les variations sur le cours des monnaies, à quoi voulant pourvoir, ouï le rapport. Sa Majesté étant en son Conseil, de l'avis de Monsieur le Duc d'Orléans, Régent, a ordonné et ordonne :

I.   Que l'argent de la banque sera et demeurera fixé à cinq pour cent au-dessus de la valeur de l'argent courant, auquel prix il sera délivré des billets de banque, tant au Bureau Général de Paris, que dans les bureaux particuliers établis dans les provinces, sauf aux porteurs desdits billets, après que ceux de la banque auront été distribués, à les négocier à tel plus haut prix qu'ils jugeront à propos.
II.   II. Veut Sa Majesté qu'à commencer du jour de la publication du présent arrêt dans la ville de Paris, au premier mars prochain dans celles où il y a Hôtel des Monnaies, et au premier avril suivant dans les autres

villes et lieux de Son Royaume, les espèces d'or et d'argent, tant de la fabrication ordonnée par édit du mois de mai 1718, que celles du présent mois de décembre, ne puissent être offertes ni reçues dans les paiements, à savoir les espèces d'argent, que pour ceux au-dessous de dix livres, et celles d'or, que pour les paiements au-dessous de trois cents livres, et que les paiements au-dessus desdites sommes soient faits en billets de banque, à peine de confiscation du montant des paiements et de trois cents livres d'amende contre les contrevenants.

III. Entend Sa Majesté que la Compagnie des Indes paie en billets de banque le montant des impositions et droits dont elle aura fait le recouvrement, et que pour les paiements qu'elle fera en argent, et qui proviendront des parties au-dessous de dix livres en Argent et de trois cents livres en or, que les commis et préposés auront reçues, elle paie les cinq pour cent d'augmentation ; Sa Majesté l'autorisant à recevoir les mêmes cinq pour cent des débiteurs et contribuables sur les paiements au-dessous de dix livres en argent, et de trois cents livres en or.

IV. Veut aussi Sa majesté qu'à compter du jour de la publication du présent arrêt, les paiements des lettres étrangères soient faits en billets de banque, et ce nonobstant l'arrêt du 27 mai dernier, auquel Sa Majesté a dérogé ; et pour l'exécution du présent arrêt seront toutes lettres nécessaires expédiées.

Fait au Conseil d'État du Roi, Sa Majesté y étant, tenu à Paris le vingt et unième jour de décembre mille sept cent dix-neuf.
Signé Phélypeaux.

A M. G. STT. D. O.

Monsieur,

Je ne saurais vous dire combien je me sens porté à vous faire part de ce que j'ai en mon pouvoir et qui peut vous faire plaisir. Vous me témoignez que vous seriez fort aise de voir une relation touchant la découverte, l'étendue et la qualité du pays où la Compagnie de France envoie de temps en temps de bonnes colonies, avec lesquelles elle espère de pouvoir faire un jour un grand commerce. Je me contenterai de vous donner dans cette lettre ce que je sais touchant la découverte du pays. Je vous enverrai dans quelques jours d'ici un extrait d'une relation arrivée en France depuis deux ans, et faite par un homme qui a traversé la plus grande partie de cette vaste région.

DECOUVERTE DU MISSISSIPI
autrement appelé la Louisiane

Le Sieur Jolliet François, est le premier qui découvrit, l'an 1673, la rivière de Mississipi, où il descendit par celle des Wisconsins ; mais comme il ne pénétra pas plus avant, la découverte de la Louisiane a été attribuée à feu Monsieur Robert Cavelier de la Salle, natif de Rouen, et gouverneur du Fort de Frontenac, qui reconnut la plus grande partie de ce pays dans les années 1679, 1680, 1681, 1682, et 1683. Il partit pour cet effet du Fort de Frontenac le 18 novembre 1678 dans un bâtiment de 40 tonneaux, et arriva six semaines après au village iroquois de Niagara sur le Lac Érié où il fit construire un fort. Il y resta jusqu'au mois d'août de l'année suivante, puis continua sa route, entra dans le Lac des Hurons, et aborda à la Baie des Puans *(ndlr : Green Bay)*, le 8 octobre. Il arriva ensuite à la Rivière des Miamis le 1er novembre, où il fit bâtir un fort. Au mois de décembre suivant, il alla par terre pour gagner le Portage sur la Rivière des Illinois, où il s'embarqua et de là il passa dans le pays de ces peuples, où il fit construire un troisième fort, qu'il nomma de Crève-Coeur, situé à environ 400 lieues de celui de Frontenac. Après que le fort fut achevé, Monsieur de la Salle partagea sa petite troupe de 30 hommese en deux, et donna la conduite de l'une à Monsieur d'Acan, qui, accompagné du Père recollet Louis Hennepin, de quatre Français et de deux sauvages, descendit le 28 février 1680 dans la Rivière des Illinois jusqu'à 450 lieues vers le nord dans le pays des Isatis. Ils séjournèrent quelques temps dans ce pays, où ils firent graver les armes de France sur un gros arbre, et ensuite poussèrent jusqu'au Lac des Assinibouels et de là chez les Congas Kabes. Pendant que Monsieur d'Acan découvrait le nord du Fleuve Mississipi, Monsieur de la Salle fit des établissements chez les nations qui habitent vers ces grands lacs qui séparent la partie occidentale du Canada d'avec la Louisiane, et fit ensuite plusieurs voyages à Frontenac et en quelques autres endroits. Enfin, il partit sur la Rivière des Illinois le 24 janvier 1683 et et arriva dans celle de Mississipi le 2 février de la même année. En descendant cette dernière rivière, il remarqua qu'elle avait à sa gauche les Rivières d'Oubache *(ndlr : Wabash)* et d'Ohio. Il visita ensuite plusieurs nations, et bâtit sur la gauche du Mississipi un fort qu'il nomma Prudhomme, du nom d'un des aventuriers. De là, il descendit chez les Taenkas, avec qui il fit alliance. Il en partit le 21 mars 1683, passa l'embouchure de la Rivière Sablonnière *(ndlr : Divers noms dont Rivière Rouge, Natchitoches, Marne, Oumas, etc.)*, et arriva à celle de Mississipi dans le Golfe du Mexique le 7 avril de la même année. Il y fit chanter le Te Deum, planter une croix, et graver les armes de la France sur un gros arbre. Le 11 avril suivant il s'embarqua sur un canot et remonta cette rivière pour se rendre à Québec, pour informer de ses nouvelles découvertes le Comte de Frontenac, Gouverneur Général de la Nouvelle France. Il tomba malade au Fort de Crève-Coeur et n'arriva à Québec que vers la fin de 1683, d'où il partit pour la France et où il fut très bien reçu à la Cour ; le Roy même lui donna pour s'en retourner quatre vaisseaux bien équipés. Il s'embarqua ensuite à La Rochelle le 24 juillet 1684, accompagné de plus de 200 hommes, tant soldats qu'artisans. Son escadre fut surprise par une tempête sur la côte de Saint Domingue, ce qui lui fit perdre un de ses vaisseaux ; les trois autres ayant manqué l'embouchure du Mississipi, il y en eu deux qui s'échouèrent mais on en sauva les hommes et la plus grande partie des équipages. Monsieur de Beaujeu ramena en France le quatrième vaisseau qui fut exempt du malheur arrivé aux trois autres. Le 18 février 1685, Monsieur de la Salle après s'être un peu remis et après avoir visité le pays, donna le nom de St. Louis à cette baie fatale où ses deux vaisseaux avaient péri et celui des Vaches *(ndlr : Wolf River)* à une rivière qui s'y perd. Il y fit ensuite bâtir un fort qui fut achevé en moins de deux mois, pendant lesquels il chercha l'embouchure du Mississipi, qu'il reconnut par les marques qu'il y avait laissées au premier voyage. Il prit enfin la résolution de faire la découverte des nations qui sont entre ce fleuve et le Golfe du Mexique. Il partit à cet effet de la Baie de St. Louis le 20 avril 1685, accompagné seulement de 20 hommes et traversa plusieurs rivières et de très beaux pays habités par des peuples qui avaient l'usage des chapeaux et des chevaux. Au mois de septembre suivant, il retourna à la Baie de St. Louis où il arriva au commencement de janvier 1686. Il séjourna trois mois après lesquels il résolut de passer en France pour avoir de nouveaux secours. Aussi partit-il à la fin de mars 1686 et pris son chemin par la Rivière des Illinois pour le Canada, accompagné de 10 Français du nombre desquels étaient les nommés Lantelot et Dan, qui deux mois après, se révoltèrent contre lui et le tuèrent, de même que son neveu appelé Moranger, celui-ci d'un coup de hache, et Monsieur de la Salle d'un coup de fusil dans la tête.

A M. G. S. D. D. C.

Monsieur,

Il est temps que je vous dégage ma parole ; je vous avais promis un extrait d'une nouvelle relation de ce grand pays connu sous le nom de Louisiane, ou de Mississipi, et dont la découverte ne s'est faite que depuis quarante à cinquante ans. Je vous l'envoie du meilleur coeur du monde. Si cette lecture vous fait quelque plaisir, que j'aurais de joie, Monsieur, d'y avoir contribué ! Lorsque vous souhaiterez d'être mieux informé de ce pays, vous en pourrez trouver des particularités dans les relations de Monsieur de la Salle, du Baron de la Hontan, et du Père Hennepin. Je sais assez de choses sur ce que ce dernier nous en dit : il a traversé le pays, voyageant presque toujours sur de très belles rivières, et sur des lacs dont l'étendue surpasse de beaucoup ceux que nous avons en Europe. Les cartes géographiques jointes à son livre, tout imparfaites qu'elles sont, ne laisseront pas de vous contenter beaucoup mieux, que ne pourrait faire une carte générale de l'Amérique septentrionale. Vous pourrez consulter la carte que Monsieur de l'Isle a faite, pour mieux juger de la vaste étendue du pays dont vous allez lire quelques singularités dans l'extrait qui suit. Faites-moi la justice de croire que je rechercherai toujours les occasions de vous témoigner avec combien d'attachement,
Je suis,
Monsieur,
Votre très humble et très obéissant serviteur.

LA LOUISIANE
autrement appelée le Mississipi

La Louisiane est bornée à l'est par la Floride et la Caroline, au nord-est par la Virginie et le Canada, qui en est éloigné de 900 lieues ; au nord, les bornes ne sont pas connues. En l'an 1700, Monsieur le Sueur, Canadien, remonta le fleuve Saint Louis, ou Mississipi, jusqu'à 700 lieues de son embouchure. Il est connu 100 lieues plus haut, et navigable jusque là sans aucun rapide. On assure qu'il prend sa source dans le pays de la nation des Sioux, que l'on prétend n'être pas fort éloigné de la Baie d'Hudson, en passant par l'ouest du Canada. Quoi qu'il en soit, la Louisiane n'a peut-être point d'autres bornes au nord que le Pôle Arctique. Du côté du nord-ouest et de l'ouest, étant au nord du Mexique, les limites n'en sont pas plus connues. Le Missouri qui est une rivière qu'on croit encore plus grande que le Mississipi, et qui donne son nom à un pays vaste et inconnu qui fait partie de la Louisiane, vient du nord-ouest et se décharge dans le fleuve du Mississipi à 400 lieues de la mer. On a remonté cette rivière jusqu'à 300 lieues, et les sauvages dont les bords sont fort peuplés, assurent qu'elle prend sa source d'une montagne de l'autre côté de laquelle un torrent forme une autre grande rivière qui a son cours à l'ouest et se décharge dans un grand lac.

Les Français, habitués aux Illinois, qui commercent avec les Sauvages du Mississipi, assurent que ce pays est très beau et très fertile, et ils ne doutent point qu'on n'y puisse trouver quantité de mines d'or et d'argent, dont les Sauvages ont même fait voir des morceaux. Pour revenir aux limites de la Louisiane, à l'ouest elle est bornée par le vieux et le nouveau Mexique et au sud par la mer.

L'Ile Dauphine

L'Ile Dauphine est éloignée de l'embouchure du Fleuve St. Louis d'environ 70 lieues à l'est, et d'environ 14 de Pensacola à l'ouest. Sa latitude est de 30 degrés ; elle s'appelait encore il y a quelques années l'Ile Massacre, à cause d'un grand nombre d'os d'hommes qu'on y trouve, vestiges d'une bataille sanglante qui s'est donnée entre deux nations sauvages. Les deux tiers du sol de cette île ne sont presque qu'un amas de sable mouvant, de même que toutes les autres îles de cette côte. Elle n'est habitée qu'à cause de son port, qui jusqu'ici a été l'abord des vaisseaux de France, et dont l'entrée se forma les derniers jours d'avril 1717 par une digue de sable large de 14 toises et égale en hauteur à l'île même. La frégate le *Peacock* (*Paon*) et un vaisseau marchand s'y trouvèrent enfermés ; mais comme ils tiraient peu d'eau et qu'il y en avait assez pour eux de l'autre côté du port, il ne leur fut pas difficile d'en sortir. Le long du port, il y a près de cent maisons avec un fort qui n'est encore revêtu que de terre. Il y a dans l'île une garnison de deux compagnies de 50 hommes.

Fort Louis, lieu de la résidence du Gouverneur de la Louisiane

A neuf lieues au nord de l'Ile Dauphine dans la terre ferme, est la Rivière de Mobile, à l'entrée de laquelle est un autre établissement plus considérable appelé le Fort Louis. C'est la demeure ordinaire du Gouverneur de la Louisiane. Les nations qui habitent en amont de cette rivière sont voisins des Anglais de la Caroline, qui ne négligent rien pour les gagner, par des présents et par le prix modique qu'ils attachent aux marchandises qu'ils leur portent. Cependant, ils ne laissent pas d'être amis des Français, qui leur paraissent d'un commerce plus doux que les Anglais. Les plus puissantes de ces nations sont les Chicaches et les Alibamous.

Le pays que la Rivière de Mobile arrose est beau et uni, la terre y produit presque tous les légumes et les arbres fruitiers de France. On y trouve des ours, des chevreuils, des boeufs et d'autres animaux dont les peaux sont d'un commerce continu entre les Sauvages et les Français.

Colonies d'Espagne à Pensacola et dans la Baie de Saint Bernard.

Les Espagnols ont fait depuis peu des établissements dans la Baie de Saint Bernard, où il y a un peuple nommé Assenaï, chez lequel il se trouve des mines. Ils ont aussi une garnison à Pensacola qui est quelquefois des mois entiers renfermée dans le fort, sans que quelqu'un ose sortir, tous les Sauvages des environs ayant de l'horreur pour les Espagnols, à cause des grandes cruautés qu'ils ont exercées dans tous les endroits où ils se sont établis.

Les côtes de la Louisiane s'étendent plus de 200 lieues de l'est à l'ouest, en ne parlant que de celles qui sont entre Pensacola et la Baie de Saint Bernard inclusivement.

Les Sauvages du Mississipi sont communément grands, assez bien faits, d'un air fier, surtout ceux des nations qui habitent les bords du Fleuve Saint Louis ; ils ont le teint olivâtre, les yeux petits, le front plat, la tête en pointe et presque de la forme d'une mitre. Les femmes de la Louisiane sont plutôt petites et d'une manière générale très simples ; celles qui ne sont point mariées ont toutes sortes de libertés, personne ne pouvant les contraindre. Il s'en trouve quelques-unes dont rien ne saurait ébranler la chasteté. Il en est même qui ne veulent ni amants ni maris, bien que la chasteté chez les Sauvages ne soit rien moins qu'une vertu. Un Sauvage épouse autant de femmes qu'il veut. Si le père et la mère de la femme meurent, et si elle a plusieurs soeurs, il les épouse toutes ; de sorte que rien n'est plus commun que de voir quatre ou cinq soeurs femmes d'un même mari.

La nation des Sitimachas située à l'embouchure du Mississipi a été presque détruite par les nations voisines que les Français ont sollicitées pour leur faire la guerre. Le peu qui en est resté a été reduit à se réfugier sur le bord de la mer dans un endroit marécageux. Presque tous les esclaves que les Français possèdent, sont de cette nation.

Les Natchez se gouvernent différemment des autres Sauvages. Ce sont les seuls chez qui l'on trouve une parfaite soumission à leurs chefs, et quelque espèce de culte religieux. Ils sont au nombre de 800 hommes, presque tous armés de fusils. Les Français les ont contraints d'élever eux-mêmes un fort près de leur village et d'y recevoir garnison. Les autres nations ne connaissent que des esprits qu'ils disent être de couleur noire. Elles ont parmi elles des médecins qui, comme les anciens Égyptiens ne séparent point la médecine de la magie. On les appelle les Jongleurs. Tous les Sauvages croient en l'immortalité de l'âme et surtout à la métempsychose ; les uns s'imaginent que leur âme doit passer dans le corps de quelque animal, alors ils en respectent l'espèce ; les autres qu'ils vont revivre, s'ils ont été btaves et gens de bien chez une autre nation heureuse à qui le gibier ne manque jamais, ou malheureuse dans un pays où l'on ne mange que du crocodile, s'ils ont mal vécu.

A parler franchement, ils ne se conduisent guère suivant ces principes.

Les Natchez, outre la croyance générale à la métempsychose, ont chez eux depuis des temps immémoriaux, une espèce de temple où ils conservent un feu perpétuel. Ce temple est dédié au soleil dont ils prétendent que la famaille de leur chef est descendue. Le chef de cette nation s'appelle le *Grand Soleil*, et ses parents sont appelés *Petits Soleils*. Ils possèdent plusieurs Sauvages qui se sont donnés à eux et qui ne chassent et ne travaillent que pour eux. Les esclaves étaient autrefois obligés de se tuer lorsque leurs maîtres mourraient. Quelques-unes de leurs femmes suivent aussi cette tradition ; mais les Français les ont désabusés de cette coutume si barbare. Tous ces parents du soleil regardent les autres Sauvages comme de la boue et les appellent des puans.

Les Tensa, qui étaient autrefois voisins des Natchez suivaient les mêmes usages. Les Illinois, les Apalages et les Choctaws ont tous embrassé le christianisme. Par les soins des Jésuites et par le secours de quelques voyageurs français, l'on a en quelque façon civilisé les Illinois. Il s'est établi des Français parmi eux et on y a bâti un fort. Les Sauvages, aussi bien que les Français, y cultivent la terre. Le blé, la vigne, et presque tous les fruits de France y viennent parfaitement bien. C'est un des plus beaux pays du monde, regorgeant de mines de plomb, de cuivre, et d'argent dont ils ont commencé l'exploitation. Le climat est très sain et fort tempéré.

Ce qu'on a découvert de la Louisiane jusqu'à présent, s'étend depuis le 28ᵉ degré de latitude jusqu'au 45ᵉ. L'entrée en est défendue par plusieurs îles qui paraissent former une infinité d'écueils. Le sol dans les méandres est entièrement noyé et impraticable. Cependant, c'est un des plus beaux pays du monde. Plus on s'engage dans les terres, plus elles paraissent agréables. On y trouve en abondance le chêne, le noyer qui est différent du nôtre, les hêtres, les cyprès, le cèdre blanc et rouge, et une infinité d'autres arbres particuliers au pays. Lorsqu'on est parvenu à 50 lieues de la mer, on commence à trouver des mûriers, dont la quantité augmente si fort, à mesure qu'on avance, que dans certains cantons les mûriers seuls égalent en nombre tous les autres arbres de différentes espèces. On y a trouvé des cocons de vers à soie qui s'y perpétuent naturellement. On en cultiva quelques-uns en 1717 qui réussirent parfaitement bien, et la soie qu'on a envoyée de la Louisiane à Paris s'est trouvée parfaitement bonne. La feuille des mûriers y est si excellente pour le ver, que les connaisseurs qui sont dans le pays, prétendent que les vers n'y seront point sujets aux maladies qu'ils essuient en Europe.

Les Français ont établi un poste chez les Natchitoches, peuples voisins de la Baie de Saint Bernard, où l'on espère de trouver des mines d'argent.

La terre de Louisiane est très propre pour la vigne et l'indigo, et produit des simples d'une infinité d'espèces différentes. Les boeufs sauvages *(bisons)* qui y sont en abondance, ont sur le cou une bosse, comme celle du chameau, dont le poil est fort long, semblable à de la laine, excepté qu'il est beaucoup plus fin. Il y a un prodigieux nombre de chevreuils et d'ours qui ne font aucun mal. Quant au gibier, on y trouve des compagnies de dindons, de bécassines, de perroquets, des outardes, des canards, des perdrix différentes des nôtres, et beaucoup d'oiseaux curieux. Il y a une espèce de rat qui est très singulier, car il a sous la gorge un sac où il met ses petits lorsqu'il s'enfuit. Il est si commun que les Sauvages ont beaucoup de peine dans leurs villages à préserver leurs poules de ses poursuites. On y trouve des serpents à sonnette et des crocodiles dont les Sauvages mangent la chair lorsque la chasse leur manque.

Le Fleuve de Saint Louis ou Mississipi déborde tous les ans à la fin de février ou dans le mois de mars ; la tête des plus hauts sapins qui se trouvent sur ses bords est presque cachée sous l'eau. Comme le terrain s'élève à proportion qu'il s'éloigne du fleuve, ce débordement ne va pas fort loin. A 25 lieues de son embouchure, il peut porter des tonneaux de 80 pièces de canons.

L'Ile aux Vaisseaux

L'Ile aux Vaisseaux, située à 17 lieues à l'occident de l'Ile Dauphine, est très commode pour mettre les vaisseaux à l'abri des vents du large.

FIN

CARTE ET NOTES

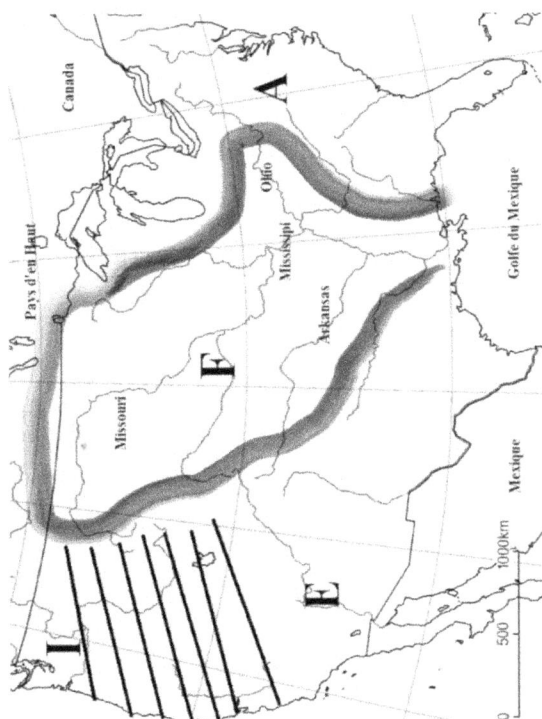

I : Terres inconnues ou non revendiquées (*Unknown or unclaimed lands*)

E : Nouvelle-Espagne (*New Spain*)

A : Nouvelle-Angleterre (*New England*)

F : Nouvelle-France (*New France*)

Les territoires appartenant au Royaume de France vers 1720 correspondent à quelque chose près au bassin hydro-géographique du Mississipi avec ceux de ses affluents principaux : Missouri, Arkansas, Ohio.

Territories belonging to the Kingdom of France in 1720 correspond approximately to the Mississippi hydro-geographical basin with those of its main tributaries : Missouri, Arkansas, Ohio.

A FULL AND IMPARTIAL
ACCOUNT
OF THE

COMPANY OF
MISSISSIPI

OTHERWISE CALLED
THE FRENCH INDIA COMPANY
PROJECTED AND SETTLED

BY

MR. LAW

1720

Wherein the nature of that establishment and the almost incredible advantages thereby accruing to the french King, and a great number of his subjects, are clearly explained and made out. With an account of the establishment of the Bank of Paris, by the said Mr. Law. To which are added, a description of the country of Mississipi, and a relation of the first discovery of it, in two letters from a gentleman to his friend.

A full and impartial account of the Company of Mississipi, etc.

The Regent of France having nothing more at heart than to discharge the State bills, which amounted in value to some hundreds of millions, bethought himself, among other expedients, of erecting a company that should have the sole privilege of the trade of Mississipi, a large fruitfull country in North America. Mr. Law, a Scotch gentleman whose genius always carry'd him to the study of trade and money, contrived the plan of this establishment, which was made in 1717, and of which he was appointed the principal director.

People of all nations were allowed to suscribe to this company, and the fund first proposed to be raised, was only sixty millions of livres, to be suscribed in State bills. Nethertheless, tho' this was no very great sum, and tho' the State bills might be bought at between 60 and 70 per cent discount, and were received at par or without any loss in the company's subscriptions ; yet at first, people were not very eager to subscribe, because they were still ignorant of the advantages which might accrue to them from the Company.

The sixty millions being, however, at length completed, the State enlarged the capital to a hundred millions, and granted the Company the Farm of Tobacco, which produced four millions *per annum*, for the paying the interest of the said hundred millions, at the rate of four *per cent*. This grant of the Farm of Tobbacco gave such a sudden credit to the subscribed bills, that the price of those bills since called *actions*, rose to a hundred and twenty.

Mr. *Law* having so well managed the Farm of Tobacco, that the Company gained thereby considerable profits ; some time after the actions fell even to par, but they rose again in a few days.

After this, a new creation of actions was made for the sum of 25 millions, which were given out at an hundred and ten. The Companies of India and China were incorporated with that of Mississipi in 1719 whereupon the price of the actions rose more and more, from one to two hundred. About that time, the Mississipi Company assumed the name of the India Company.

When it appeared that the people of France had taken a relish to these actions, till then, unknown in that kingdom ; and that they crowed so fast to put out their money this way, being persuaded the Company would make great profits, which would be divided among the owners of those actions ; Mr. *Law*, in concert with the Regent, formed a mighty project for enlarging the credit and profits of the Company. An arrêt of the Council of State was published for circulating bank bills to the value of 25 millions in the Mississipi country. To this advantage the State shortly afterwards added a Grant of the coinage for 9 years, and another, which does not occur to my memory. These privileges made the actions immediately run up to five hundred. They fell afterwards to four hundred and forty five, only upon the news of Mr. *Law*'s being taken with a slight indisposition. According to some letters from Paris, the actions rose again in a few days afterwards to 610, and fell presently again to 560. All this happen'd a little after midsummer 1719.

The Company finding their credit so well established, proposed to advance his Majesty a loan of 50 millions in 15 monthly payments ; and to raise this sum, they obtained an arrêt of Council for the creation of 25 millions of actions, upon the foot of 200 *per action*. But as there was a considerable time allowed for the payments, and that the actions sold for three times that price, the Company reserved to themselves a power to dispose of them at what time they thought fit. Whereby they kept in reserve a fund sufficient to buy merchandizes, to built necessary ships, and settle good colonies in Mississipi ; for they will probably receive very great sums from the sale of part of those actions made at different times ; the other part of the actions having been at first given to the chief proprietors of the old ones, according to the purport of the arrêt.

About the end of August, the Company proposed to the King to furnish another loan of 1.200 millions of livres at three *per cent* interest ; and at the same time, to take the five great Farms, paying the State three millions and a half more than was given by him who the held the lease, they being to pay for it yearly 52 millions for the space og nine years, which is the term of the lease granted to the Company. Out of this sum, they were every year to receive 36 millions for the space of five and twenty years, for the interest of the 1.200 millions they had engaged themselves to advance his Majesty, in order to reduce to three *per cent* the interest of the state debts upon the Town House of Paris, and others, which used to carry four *per cent* ; which reduction saved the King twelve millions of livres yearly. The Company's privileges were then prolonged to 1770.

The french believing the Company would get immense profits by trade, and principally by the direction of the General Farms, which till then, had been very ill managed, run more than ever into these actions ; so that in a few weeks they advanced to twelve hundred.

Every thing at Paris then assumed a smiling countenance ; money grew so common, that people did not know where to put it out at three *per cent*. The public debts, which before were at great discount, now sold for ten, nay, fifteen above their intrinsic value. The tradesmen had a greater vent for their goods ; the workmen were better paid for their work. The value of land about Paris rose to 50, and even 60 years purchase. Many noblemen repaired their broken fortunes ; and others grew very rich by the great advantages they made in dealing in the actions of this new company. Numbers of people, never known in the world, and sprung from nothing, were all of a sudden seen riding in their coaches, only by striking into this trade, by which in a very few months they had gained vast sums.

As the Company had undertaken to provide the King a loan of 1.200 millions, they found it necessary in the month of September following to raise 500 millions by the sale of 50 millions of actions, at the rate of a thousand *per action*, which was ten times the original value of the actions.

The subscriptions were filled in a few hours ; nay, and they were obliged to return a third part which was subscribed above the sum, which amounted to seven hundred and seventy five millions. The subscribers were not obliged to pay in the whole sum all at once, but in ten monthly payments ; which, however, was afterwards altered for their convenience.

The first payment of these new subscriptions was sold the very next day at *cent per cent* profit.

In a few days afterwards, books were again opened to receive subscriptions for the like sum upon the same conditions and restrictions as the former ; and they were filled in as short a time.

The Company's cashiers were forbidden by an arrêt of Council to receive in those subscriptions, or in the nine payments remaining to be made for the last, any money or bank bills, but only State bills, or others the King's debts therein specified ; which very much raised the value of the *Effets Royaux*, or public debts.

This way of borrowing money, or rather of bringing into the Company near a thousand millions of livres of the King's debts, having succeded perfectly well, the Company again opened their books for five hundred millions more, and with the same success.

About that time every action was divided into two parts, each valued at five thousand livres. For the rest, the actions are on paper payable to the bearer, so that the owners may at any time exchange them for ready money, or ban notes, which are altogether as good, and more convenient than money.

The first payment of these three subscriptions far from falling, rose so considerably, that it quickly went at one, two, and even three hundred *per cent* profits ; so that such subscribers as were willing to transfer their new subscriptions to other persons, did in a few weeks double and triple, nay, quadruple the money which they had advanced for that first payment.

Nevertheless, these last subscriptions very much lowered the price of the old ones, tho' the old ones were of the same nature, and all as good as the last.The old subscriptions fell almost at once to 760, because the subscribers to the last wanting money to answer the second payment, which was so near, were forced to fell their first subscriptions.

The Company, in order to put a stop to this fall, hung up notice at the bank, that they would repay them at nine hundred. This advertisement gave such a support to the credit of those old subscriptions, that in less than a month, they went at twelve hundred, as before, and even rose higher ; while the new actions fluctuated about thirteen hundred. But what contributed to it most, was an arrêt of the Council of State, allowing a longer term for the first payments that were to be made upon the new subscriptions.

The whole sum borrowed by the Company in these three new subscriptions being fifteen hundred millions ; they represented to his Majesty, that the loan they were to make to the State amounting to three hundred millions more than they at first proposed, it was reasonable the Company should be allowed an annual interest of 45 millions, after the rate of three *per cent*, instead of the thirty six millions already granted ; whereunto his Majesty consented.

This is then the sum of the several subscriptions, made at different times.

60 millions of the first subscription,
40 millions of the second,
25 millions of the third,
25 millions of the fourth,
50 millions of the fifth,
50 millions of the sixth,
50 millions of the seventh.
———————
300 millions the total of the actions.

When these actions sold at a thousand, their total value was three thousand millions of livres, of which sum the King does not owe the Company much above half. Which makes the real and intrinsic value of every action to be 550.

Il shall now give you an estimate of the sums which the Company will have in their power to divide yearly ; by which you'll see that the subscribers may expect to receive a very good profit.

The Company will receive every year	Millions
Out of the King revenue	45
By the grant of tobacco	3
By the management of that grant	4
By the profits of the five great Farms according to some who are judges of the matter	30
By the coinage	5
By the East-India trade	12
By the timber and Mississipi trade some years hence, at least	7
Total	106

without reckoning what some other branches will produce ; as the fishery, the the refining and parting of bullion of gold and silver ; the trafic for ingots of the same bullion, which the goldsmiths and merchants are obliged to take of the Company, and fell at a certain specified standard. Do you not believe, Sir, that the profits which will arise from all this, will be above twenty five millions ? For my part, I believe it, and I am even persuaded that the State will support the credit of the Company, tho' at the expence of yielding up the profits of the bank, and several other privileges. For the more the

Company finds themselves in condition to divide among the sharers of actions, the more the money will circulate, and the revenues of the King will by that means be much more considerable.

Advantages resulting to the King from the establishment of the India Company

The establishment of the *India Company* in France has not only been of infinite advantage to the subjects of the Kingdom, by opening the purses of the rich, who strove who should put their money in first, but the King also has gained by it very considerably ; since all the branches of his revenues must bring into his coffers sums, infinitely beyond what was ever known before, because of the circulation of the species, which is certainly three times greater than it ever was, which is manifest from the price of provisions, land, and merchandizes. The Regent has found in the subscriptions of this company a source almost inexhaustible, whereby he has made large gifts in actions to the officers of the Army, and the King's houshold, and to a number of private gentlemen ; by which means they are grown rich. Mr. *Law*, on his part, has done service to vast numbers of people, even to his enemies, in putting them in a way to make their fortunes. Since the circulation of the species has been restored, the Regent has taken off several taxes in Paris and the provinces ; so that all France partakes of the advantages of his happy administration.

According to some repeated accounts, the revenues of his most Christian Majesty must bring into his coffers 40 millions every year ; other accounts say, 60 more than that of the preceding years ; nevertheless, the people find themselves eased of many taxes by the lessening or taking away of them, and by the discharge of a number of useless officers, who have been actually paid back the money they gave for their places. I have frequently heard it remarked, that the multitude of tax-gathered were as so many blood-suckers, who could never have their fill of the substance of the people.

Let an impartial and judicious man judge of what has passed, and what is now doing in France in relation to commerce and the revenues, he must say, that since the most remote ages, there has not been known any thing so inconceivable. One cannot reflect on this, without being brought to confess, that the Prince who is at the head of affairs, has known how to make use of the readiest and most agreeable means of setting France in the most flourithing State it ever has been. Has not the world always said of him, that he had a superior genius, and fit for every thing ? Besides the arts and sciences, to which he all his life devoted himself, he is a perfect master of accompts, without which he had never carried the affairs of France to the height they now are. Mr *Law*'s scheme had not succeeded so well under the reign of a Prince, whose natural and acquired parts had been inferior to those of him, who is now the gardian of the royal authority. I shall dwell no longer on this subject, lest you should accuse me of being fond of it, and tax me of partiality, which would do me an injury in your thoughts, that I shall always endeavour to avoid. I sincerely protest to you, that I have not any particular interest in what I advance ; I have never had any action or part of actions in the Company of France ; which I am not a little concerned at ; but I cannot help taking notice of such great success which is at time the subject of almost all conversations ; nor can I forgive myself, if I decline doing justice to the author of such extraordinary projects, and to a Prince who having found out the advantages of them, applied himself to support the execution of them.

The establishment of the Bank of Paris.

Mr. *Law* set up a bank at Paris, by the royal authority, some time before the establishment of the Mississipi. It is governed much like that of England ; the Regent reserving to himself the inspection of their accompts. There was at first some difficulty in establishing its credit, the french having no notion of the convenience of an establishment so advantageous. But as the Regent was convinced of the great benefit that would accrue to the public from it, his Highness took all the care imaginable to make them sensible of it. In a short time there were several arrêts in favour of the bank ; the chief of which, in my opinion, was that which required the officers, who levied the King's duties, to receive the bank-notes in payment of the revenues. The french seeming at length to have taken a relish to the conveniency, which they found in making payment in notes payable to the bearer ; it was ordered in the beginning of the summer 1719, that the bank bills should be increased to the sum of four hundred millions. It was permitted by the same arrêt to the Royal Bank to set up bank offices in all the mint-towns of the Kingdom, except Lyon, which declared against receiving any ; yet soon after the merchants of Lyon very earnestly sollicited to obtain the privilege of a bank in their city.

The increase of bank bills to the sum of 400 millions of livres not sufficing, more were delivered out about the close of the same summer for 120 millions of livres, each bill being for the sum of ten thousand livres.

But even this was found not sufficient to answer the demands that were daily made, which moved the Regent to issue out an arrêt in October following, ordering the bank to give out to the value of 120 millions more, and that the notes should be likewise for ten thousand livres each.

The sum total of all the bills the bank have out at the end of the year 1719, amounts to six hundred and forty millions, which exceeds the value of the bills circulated by all the other banks in Europe put together.

It will not be amiss to remark, that there are bank notes for small sums as well as great ; some of ten, some of an hundred, and others of a thousand livres ; those of ten thousand amounting but to two hundred and forty millions of livres, as appears by what has been said.

They have lately ordered a new addition of three hundred and fifty millions in bank bills ; which, with the six hundred and forty millions before, amount to a thousand millions of livres, making above 38 millions of pounds sterling, upon the par of exchange ; which is easy to compute ; for the Crown in specie of France, which is now current in that Kingdom for five livres and two fifths, or an hundred and eight of their pence, is worth in weight and fineness but four shillings and three halfpence english money.

An arrêt, ordering in what manner payments shall be made, as well at Paris as in the Provinces, and regulating the difference between bank money and the current coin.

December 21, 1719. Extracted from the Registers of the Council of State.

The King having caused the several arrêts issued concerning the bank, and the lowering of the coin, to be laid before him, his Majesty has judged, that it would tend to the good of the State, and to the benefit of his subjects, as well as to the advancing of the public credit, to put his people in a way to avoid the losses which are ordinarily occasioned by the variations in the currency of the coin. To which end, his Majesty being in Council, by the advice of the Duke of Orleans, Regent, has ordered, and orders,

I. That the bank money shall be and remain fixed at five *per cent* above the value of the current coin, at which price bank bills shall be delivered out as well at the General Office in Paris, as at the other Offices in the provinces ; the bearers of the said bills, after they shall be given out by the bank, being left at liberty to negociate them at such higher rate as they shall find convenient.

II. It is his Majesty's will,that beginning from the day of the publication of the present arrêt in the city of Paris, from the 1st of March next in those towns where are offices of the mint, and from the 1st of April following in the other towns and places of this Kingdom, the gold and silver coins, as well those struck pursuant to the Edict of May, 1718, as those struck this present month of December, shall not be offered nor received in payments ; that is to say, the silver coins, but for payments under the sum of 10 livres, and the gold coins but for payments under the sum of 300 livres ; and that the payments above the said sums shall be made in bank bills ; on the penalty to the offenders herein of confiscation of the amount of the payments, and of a fine of 300 livres.

III. It is his Majesty's intention, that the India Company should pay in bank bills the produce of the imposts and duties which they shall receive ; and as to the payments which they shall make in money for sums under 10 livres in silver, and 300 in gold, which their officers shall receive, the said Company shall pay five *per cent* augmentation ; his Majesty authorizing them to receive the said five *per cent* from the persons liable to those duties, upon payments of sums under 10 livres in silver, and 300 in gold.

IV. It is also his Majesty's will, that reckoning from the day of the publication of the present arrêt, the payment of foreign bills of exchange shall be made in bank bills ; and this notwithstanding the arrêt of the 27th of

May last, from which his Majesty derogates. Done in the King's Council of State, his Majesty therein present, held at Paris the 21th day of December, 1719.

To M. G. STT. D. O.

Sir,

This is impossible to express the pleasure I have, in being able to communicate to you what may give you an equal pleasure in receiving. I perceive that you would be glad to see an account of the discovery, the extent and nature of the country where the Company of France from time to time send colonies, with which they hope shortly to have the power of settling a great commerce. I shall content myself with sending you in this letter what I know concerning the discovery of the country. A few day hence, I shall send you an extract of a relation given by a man in France about two years since, who has travelled over the greater part of this vast region.

The discovery of Mississipi otherwise called Louisiana.

The Sieur *Jolliet*, a french gentleman, is the first who discovered, in the year 1673, the *River Mississipi*, where he descended through that of the Wisconsins ; but as he went no farther, the discovery of Louisiana was attributed to Mr. *Robert Cavelier de la Salle*, native of Rouen, and Governor of Fort Frontenac, who discovered the greatest part of that country in the years 1679, 1680, 1681, 1682, and 1683. He set out with that design the 18th of November 1678, in a ship of 40 tun, and arrived six weeks after at Niagara, a village of the Iroquois, on the Lake Érié, where he built a fort. He stayed there till August in the following year ; when he continued his course, entred the Lake of the Hurons, and landed at the bay of the Puans the 8th of October. He afterwards came to the River Miamis the 1st of November, where he also built a fort. In December following he went by land to the River of the Illinois, where he embarked, passed into their country, and built a third fort, which he named *Crève-Coeur*, situated about 400 leagues from Frontenac. After the fort was finished, Mr. *de la Salle,* divided his little company of 30 men into two parts, and gave the command of one to Mr. *d'Acan,* who with Father *Lewis Hennepin*, a franciscan, Friar, four french men and two Savages, went the 28th of February 1680, into the River of the Illinois, 450 leagues towards the North, into the country of the Issatis. They stayed some time in that country, where they graved the Arms of France on a great tree, and afterwards proceeded to the Lake of the Assinibouels, and from thence to the Congas Kabes. While Monsieur *d'Acan* discovered the north of the River Mississipi, Monsieur *de la Salle* made a settlement among the people who lived near the great Lakes which divide the west part of Canada from Louisiana. He afterwards travelled to Frontenac, and several other places. At length he entred the River of the Illinois the 24th of January 1683, and arrived in the River Mississipi the 2nd of February the same year ; in going down which, he found the Rivers Oubache (*Wabash*) and Ohio on his left hand. He afterwards viewed more countries, and built on the left of Mississipi a fort, which he named *Prudhomme*, from the name of one of the adventurers. From thence he went to the Taenkas, with whom he made alliance, and from thence the 21th of March 1683, he passed the entrance of the River Sablonnière *(Otherwise : Rivière Rouge, Natchitoches, Marne, Oumas)*, and arrived at that of Mississipi in the Gulf of Mexico, the 7th of April, the same year. He there caused *Te Deum* to be sung, set up a cross, and graved the Arms of France on a great tree. The 11th of April following he embarked in a canoe, and sailed for Quebec, to inform the Count of Frontenac, Governor General of New France, of his discoveries. He fell sick at Fort

Crèvecoeur, and did not arrive at Quebec till towards the end of 1683 ; from whence he went for France, where he was very well received at Court ; and the King gave him at his return 4 vessels well provided with necessaries. He embarked afterwards at la Rochelle the 24th of July 1684, with above 200 men, soldiers and tradesmen. His ships were surprized by a tempest on the coast of St. Domingo, which destroyed on of them ; and the three other having missed the mouth of the Mississipi, two of them run against a rock, but the men and the greatest part of the cargo were saved. Monsieur *de Beaujeu* brought back into France the fourth vessel that had escaped the misfortune which happened to the other three. The 18th of February 1685, Monsieur *de la Salle*, being somewhat recovered, and having viewed the country, gave the name of *St. Louis* to that fatal bay where the two ships were destroyed ; and the name of *Vaches* (*Wolf River*) to a river which losed itself there. He afterwards built there a fort, which was finished in two months at least ; during this time he was in search of the entrance of Mississipi, which he found out by the marks he left at his first voyage. At length he resolved to make a discovery of the people, which are between the great River and the gulf of Mexico. He departed for that effect from the Bay of St. Louis the 20th April 1685, accompanied only with twenty men, and crossed several rivers, and beautiful countries, inhabited by a people who had the use of hats and horses. The month of September following he returned to the Bay of St. Louis, where he arrived by the beginning of January 1686. He stayed three months there, after which he resolved to go into France, in order to get new succour. For that purpose he departed the latter end of March 1686, and took his way through the River of the Illinois for Canada with 10 frenchmen, among whom were two, named *Lantelot* et *Dan*, who two months after, revolted against him, and killed him, and likewise his nephew *Moranger* ; the latter by a blow with a hatchet, and M. *de la Salle* they shot through the head.

To M. G. S. D. D. C.

Sir,

I have now an opportunity to disengage myself from my promise of giving you an extract of a new relation of that great country, known by the name of Louisiana, or Mississipi, the discovery of which has not been made above 40 or 50 years. I send it you with a great deal of pleasure. If the reading gives you any satisfaction, I shall extreamly rejoice to have contributed to it. When you desire to be more largely informed of this country, you will find it particularly described in the voyages of Mr. *de la Salle*, baron *de la Hontan*, and père *Hennepin*. I rely chiefly on what the last says of it. He has crossed the country, and been frequently over rivers and lakes, whose extent surpasses by far those we have in Europe. The geographical map belonging to his book, however imperfect, will not fail to content you much better than a general map of North America. You may consult the map which Mr. de l'Isle has made, in order to be the better judge of this vast tract of land, the particulars of which you will find in the following extract. Do me the justice to believe, that I shall always seek the means to shew you with how much respect.

I am, etc.

A description of Louisiana, otherwise called the country of Mississipi, from a river of that name which crosses it from North to South.

Louisiana is bounded on the East by Florida and Carolina ; on the North-East by Virginia and Canada, which latter is distant from it about nine hundred leagues. The northern bounds thereof are not as yet discovered. In the year 1700, Mr. *le Süeur*, a canadian gentleman, sailed up the River St. Lewis, otherwise called Mississipi, within 700 leagues from the mouth of it. It is known yet 100 leagues higher, and navigable so far, without any violent stream. They affirm, that it takes its rise in the country of the Sioux, which, as they pretend, is not very far from Hudson's Bay, and passes by the West of Canada. However, Louisiana has perhaps no other bounds on the North but the Arctic Pole ; neither are its bounds on the West and North-West, lying northward of Mexico, known much better. The Missouri, a river which is thought to be still greater than the Mississipi, comes from the North-West, and empties itself into the Mississipi, within 400 leagues of the sea, giving its name to a vast and unknown country, that is part of Louisiana. They have sailed 300 leagues up this river ; and the Savages, that are very numerous on its banks, assure, that it takes its rise from a hill, on the other side of which there is a torrent, that forming itself by degrees into a great river, takes its course westwards, and discharges itself into a large lake.

The French, that are settled among the Illinois, who trade with the Savages of Missouri, assert, that it is a very good and fruitful country, and do not in the least doubt of finding several gold and silver mines ; and the Savages have even shewed them some of the ore. But, to return to the bounds of Louisiana, the old and new Mexico bound is on the West, and the sea on the South.

The Dauphin Island.

The Isle Dauphin is distant from the mouth of the River St. Lewis about 70 leagues toward the East, and near 14 Westward od Pansa Cola, in the 30th degree of latitude. Some years ago it was called, *Isle Massacre,* or the *Isle of Slaughter*, by reason of a great number of men's bones that are found there, and said to be the remains of a bloody battle fought between two savage nations. Two thirds of the soil of this island, are scarcely any thing else but a heap of quick-sands, as well as all the other isles of this coast. It is inhabited only on account of its harbour, which has hitherto been the place where the French Ships usually land ; the entry whereof was stopped up by a bank of sand, about 84 foot wide, and equal in height to the rest of the isle ; toward the latter end of April, in 1717, a frigate called the Peacock, and another merchant ship, were the riding in the port ; but, as they did not draw much water, they got out from thence without much trouble, there being a sufficient quantity on the other side of the port. There are on the shore near 100 houses, and a fort which is only lined with earth ; there is also in the isle a garison of two companies, each consisting of 50 men.

Fort Lewis, residence of the Governor of Louisiana.

There is near the mouth of the River Mobile, on the continent about 9 leagues northward of the Isle Dauphin, another settlement still more considerable, called Fort Lewis ; which is the usual abode of the Governor of Louisiana. The nations that live toward the head of this river are neighbours to the English of Carolina, who use all means possible to gain them, both by their presents, and by the moderate prizes they set on the goods which they carry there. Nevertheless they continue in friendship with the

French, thinking them a much easier people to deal with than the English. The most powerful of these nations are the Chicachas and the Alibamous.

The country which the River Mobile waters, is a fine champion country, the soil produces almost all the herbs and fruit trees that are found in France. There are besides bears, deers, oxen, and other animals, whose skins keep up a continual trade between the French and Savages.

Spanish colonies at Pansa Cola, and in St. Bernard's Bay.

The Spaniards have lately set up some establishment in St. Bernard's Bay, among a people called Assenaïs, where there are some mines. They have also a garison at Pansa Cola, which is sometimes shut up in the fort for whole months together, not one of them daring to stir out; for all the Savages in those parts abhor the Spaniards because of the cruelties they have committed whereever they have settled.

The sea coast of Louisiana extends itself above 200 leagues from East to West, reckoning only that part which lies between Pansa Cola and St. Bernard's Bay inclusively.

The Savages of Mississipi are commonly tall, well made, of a haughty carriage, especially those that live on the sides of the River St. Lewis ; of a tawny complexion, drawing towards the olive, they have small eyes, a flat forehead ; their heads are sharp toward the top, almost in the shape of a mitre. Their women are rather short than tall, and generally speaking very homely ; those of their women that are not married have an entire liberty, nobody having any power to constrain them ; some of them are so chaste that nothing is able to corrupt them ; nay, they are some of them that admit neither of suivors nor husbands ; tho' chastity among the Savages is not so much as looked upon as a virtue. A Savage may have as many wives as he pleases. If his wife's father and mother die, and if she has several sisters, he marries them all. So that there is nothing so common among them, as to see four or five sisters wedded to the same man.

The nation of the Sitimachas, situated at the mouth of Mississipi, is almost destroyed by the neighbouring nations, who, at the instigation of the French, made war on them. Those few that remained, were reduced to fly for shelter to a moorish place by the sea side. Almost all the slaves belonging to the French are of this nation.

The Natchès have a government peculiar to themselves, different from the other Savages, and are the only nation among whom there is a perfect submission to their rulers, and some sort of religious worship. They are about 800 men, almost all armed with muskets. The French have forced them to build a fort near their village, and to receive their garison. The other nations have only some small knowledge of spirits, which they say are black. They have among them some physicians, who like the ancient Egyptians add magick to their physick ; they call them Jonglers. All the Savages believe the immortality of the soul, and especially the metempsychosis. Some of them think that their soul will animate the body of some brute, and have a particular respect for that specie. Others think, that if they are valiant, and live well in this life, they will go among a happy nation, who ever want for hunting ; but on the contrary, if they live ill, they will go among a miserable people, who eat nothing but crocodile's flesh. But to speak the truth they don't live up to the height of these principles.

The Natchès, befides their general belief of the metempsychosis, have had for times out of mind a sort of temple, where they keep a perpetual fire. This temple is dedicated to the Sun, from whom they derive the family of their ruler, whom they call the Great Sun and his relations little Suns. These Suns have several Savages, who have given themselves wholly to their service and are so devoted to them, that they neither hunt, nor work for any other. These slaves were formerly obliged to kill themselves at the death of their master, and even some of their wives followed this maxim. But the French have convinced them of the folly of so cruel a custom. The relations of the Great Sun esteem the other Savages no more than dirt, and call them Stinking.

The Tensa, who were formerly neighbours to the Natchès, followed the same customs. The Illinois, the Apalages, and the Chactows, have all embraced the christian religion. The Illinois are in some measure civilized, by the care of the Jesuits, and the assistance of some french travellers. There are a great many French settled amongst them, who have also built a fort there. The Savages manure the earth as well as the French. Corn, vines, and almost all the fruits of France grow there perfectly well. It is one of the finest countries in the world, abounding with lead, copper, and silver mines, of which they have made trial. The climate is very wholsome and temperate. That part of Louisiana, which is as yet discovered, reaches from the 28th to the 45th degree of latitude. Its entrance is defended by several islands, which seem like so many dangerous rocks. The soil by the shoars is quite drowned, and is altogether useless and impracticable. Nevertheless it is one of the finest countries in the world. The further you go upon the continent, the pleasanter it appears. It abounds in oaks, wallnut-trees (which are different from ours), beach-trees, cypress, cedars, both red and white, and an infinite number of trees, peculiar to the country. Within 50 leagues of the sea, you meet with some mulberry-trees, with increase to that degree as you go farther up the country, that in some provinces, the mulberry-trees are alone equal in number to all the other trees of different kinds. There have been found some cods of silk-worms, which perpetuate there naturally. They cultivated some in 1717, that succeeded very well ; and the silk that was sent to Paris from

Louisiana proved very good. The leaves of the mulberry-trees are excellent for silk-worm, and those that understand them there, pretend that the worms will not be subject to sickness, as they are in Europe.

The French have erected a station among the Natchitochès, a nation near St. Bernard's Bay, where they are in hopes of finding some silver mines.

The soil of Louisiana is very proper for vines and indigo, and produces infinite sorts of simples. The wild bulls, of which there is great plenty, have a great swelling in the neck like camels, and the hair that grows thereon, is very long, and like wool, only is it finer. There is a prodigious number of deer, and some bears that do no hurt. As to the game, there are great droves of turkies, snipes, parrots, bustards, ducks, partridges, different from ours, and several sorts of curious birds. There is a sort of rat very remarkable, who has a kind of a bag under his throat, wherein it conveys its young when it is forced to fly ; this rat is so common, that the Savages are put to it to preserve the hens from him. There are also rattle-snakes, crocodiles which the Savages feed on when they have no game.

The River St. Lewis or Mississipi overflows every year about the end of February, or the beginning of March ; the tops of the highest fir-trees that grow on the banks of the river, are almost hid under water. But seeing the ground rises in proportion of its distance from the river, the inundation does not reach far. The river can carry ships of 80 pieces of cannon, at five leagues from its mouth.

Ship's Island

L'*Isle aux Vaisseaux*, or Ships Island, is situated 17 leagues westward of the Dauphin Island, and is very commodious to shelter ships from the wind.

FINIS

Dépôt légal

4ème trimestre 2018

www.ingramcontent.com/pod-product-compliance
Lightning Source LLC
Chambersburg PA
CBHW060657030426
42337CB00017B/2663